Für Doris, Dietmar, Anne, Brigitte und Peter

CIP-Kurztitelaufnahme der Deutschen Bibliothek
Kolloch, Elisabeth:
Annabel und Fabian sind krank:
e. Bilder-, Geschichten-, Spiel- u. Bastelbuch für kranke Kinder/
zsgest. u. geschrieben von Elisabeth Kolloch.
Mit Bildern von Johanna Cüppers u. Fotos von Heinz J. Wichmann.
– 1. Aufl. – Düsseldorf: Schwann, 1984.
ISBN 3-590-37209-5
NE: Cüppers, Johanna; Wichmann, Heinz J.

© 1984 Pädagogischer Verlag Schwann-Bagel GmbH, Düsseldorf
1. Auflage 1984. Alle Rechte vorbehalten.
Lithos: Farbkreis, Bochum
Satz: kahmannsatz, Essen
Druck und Verarbeitung: Parzeller, Fulda
Printed in Germany 1984
ISBN 3-590-37209-5

Annabel und Fabian sind krank

Ein Bilder-, Geschichten-, Spiel- und Bastelbuch
für kranke Kinder

Zusammengestellt und geschrieben
von Elisabeth Kolloch,
mit Bildern von Johanna Cüppers
und Fotos von Heinz J. Wichmann

Schwann

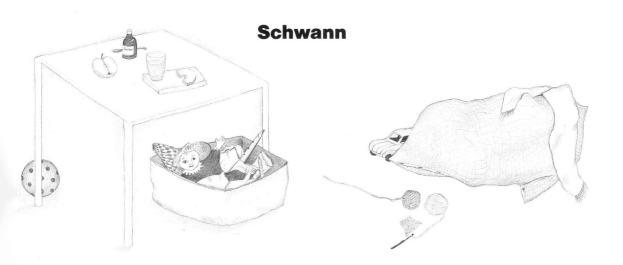

Annabel und Fabian sind krank

Annabel und Fabian sind krank.
Die Ohren, der Kopf und der Hals tun weh.
Die Mutter legt ruhig ihre Hand auf Fabians
Stirn. Die Stirn ist heiß, sehr heiß. Vorsichtig
deckt die Mutter ihn zu, vorsichtig drückt sie
ihm den Teddy in den Arm und einen Kuß auf
die Stirn. Leise redet sie Annabel zu; dann
geht sie zum Telefon und ruft den Arzt an.
Der Arzt kommt und untersucht die beiden.
Bei Fabian macht er ein besorgtes Gesicht.
„Fabian hat schon wieder eine Mandelent-
zündung. Die dritte in diesem Winter. Wenn er
wieder gesund ist, sollten wir ihm in der Klinik
die Mandeln entfernen lassen, damit er in
Zukunft damit keine Last mehr hat."
Annabel und Fabian schauen ängstlich.
„Wie ist das in der Klinik?" fragen sie.
„Die Klinik ist ein Krankenhaus. Da werden
kranke Menschen, denen man zu Hause nicht
oder nicht so gut helfen kann, von Ärzten und
Schwestern untersucht, behandelt und
gepflegt. – Wenn Fabian wieder gesund ist,
werden wir uns die Klinik erst einmal ansehen,
damit er die großen Gebäude, die alle zur
Klinik gehören, kennenlernen kann. Die Klinik
in unserer Stadt ist ziemlich neu und riesen-
groß. Sie sieht fast aus wie eine Stadt in der
Stadt."
„Gibt es überall so große Kliniken?" fragt
Annabel erstaunt. „Nein, durchaus nicht.
In anderen Städten gibt es kleinere Kliniken,
man sagt meistens Krankenhaus oder auch
Hospital dazu. Aber um Patienten schneller
und besser helfen zu können, brauchen die
Ärzte immer kompliziertere und teurere
Geräte zum Untersuchen und zum Heilen.

Und weil die Geräte so teuer sind, werden auch möglichst viele Menschen damit behandelt. Dies geschieht immer mehr in den großen Kliniken."

Mutter macht eine Pause. Dann sagt sie zu Fabian: „Du wirst auf die Kinderstation kommen, und du wirst auch bald auf der Station herumlaufen können, denn du bist ja nicht eigentlich krank. Die Operation an den Mandeln macht nur, daß du nicht jeden Winter so oft krank wirst und solche Halsschmerzen hast. Aber da werden auch andere Kinder sein, die länger in der Klinik bleiben müssen. Für manche dieser Kinder gibt es sogar Schulstunden dort... Aber jetzt schlaft erst einmal und werdet wieder gesund."

Eine Woche später besucht die Familie die Klinik. Sie geht an mehreren Klinikgebäuden vorbei zur Kinderstation. Dort hängt neben der Anmeldung ein Schild, auf dem man lesen kann, was wo zu finden ist, z. B.:

Kinderklinik S (Säuglinge)

Kinderklinik K (Kinder)

Kinderklinik I (Infektionskrankheiten)

Kinderneurologisches Zentrum

Kindertagesstätte

Ambulanz

Besucherraum

Kinderklinik, Chefarzt Prof. Dr. Müller

Auch Gymnastikräume, Spiel- und Lesezimmer gibt es auf der Kinderstation. Und eine Bibliothek mit einem Bücherwagen, der zu den Kindern fährt, die nicht aufstehen dürfen.

Fabian geht ins Krankenhaus

Zu Hause hat Vater eine Idee: „Wir legen für Fabian ein Krankenhausheft an." Auf die erste Seite malen sie Uhren, die verschiedene Zeiten anzeigen, von morgens um 7 Uhr bis abends um 21 Uhr. Dahinter kann Fabian schreiben oder malen, was jeden Tag um diese Zeit geschieht: Um 7 Uhr, zum Beispiel, werden die Kinder geweckt; sie waschen sich, und um 8 Uhr gibt es Frühstück. Dann ist es für einige Patienten Zeit, zu Untersuchungen oder Behandlungen zu gehen. Andere spielen oder lesen oder basteln. Manche schlafen vielleicht weiter. Einmal am Tag besucht der Arzt seine Patienten – er macht seine „Visite". Nach dem Mittagessen wird Vater häufig reinschauen, und die Mutter kommt sicher jeden Tag. Darauf freut sich Fabian jetzt schon. Mit Besuchen, Basteleien und Spielen wird der Nachmittag schnell vergehen. Am Abend kommt eine Nachtschwester. So sind die Kinder nie allein. „Und was kommt auf die nächsten Seiten?" fragt Fabian.

„Ja, da könntest du die Ärzte und Krankenschwestern malen. Vielleicht geben sie dir auch eine Unterschrift. Dann vergißt du ihre Namen nicht." „Und du hast ein Autogramm!" ruft Annabel. „Auf der dritten Seite könntest du eine Tabelle anlegen für alle, die du im Krankenhaus kennenlernst."

Nun kramt Vater in einem Karton mit Fotos. Er klebt einige davon auf die nächste Seite. „Diese Fotos haben alle etwas mit einem Krankenhaus oder einem Arzt zu tun. Im Moment sind sie für dich noch eine Art Bilderrätsel. Die Lösungen wirst du aber bald wissen und darunter schreiben können." Weiter hinten im Heft kann Fabian malen, was er Vater und Mutter und Annabel fragen oder erzählen möchte: Geschichten, Träume, Wünsche...

Einige Tage später packt Mutter den Koffer mit allem, was Fabian im Krankenhaus gebrauchen wird. Dann fahren sie zur Klinik, melden sich an und gehen auf die Kinderstation K, Zimmer 214. Etwas schüchtern sieht sich Fabian in dem Zimmer um. Ein Junge liegt auf dem Bauch. Er hat auf der Kopffläche des Bettes ein großes Brett liegen; darauf spielt er mit kleinen Figuren. Sein Vater spielt mit ihm. Jetzt schielt der Junge ein wenig zu Fabian hinüber. Der schaut schnell zum nächsten Bett. Dort sitzt ein Junge und formt aus einer Modelliermasse lustige Spielfiguren. Er ist so vertieft in seine Arbeit, daß er Fabian gar nicht bemerkt.

Bilderrätsel

Auflösung auf Seite 45

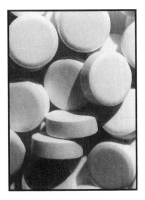

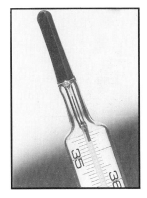

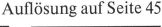

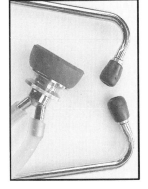

1. _____

2. _____

3. _____

4. _____

Ein Bett weiter ist ein Mädchen, das flach auf dem Rücken liegen muß. Die Mutter sitzt neben ihm. Es malt. Das Malblatt ist mit einem Heftstreifen an dem hochgestellten Klapptisch festgemacht. So kann es nicht wegrutschen. Fabian fühlt sich schon etwas behaglicher, denn er hatte befürchtet, daß die Kinder hier nur liegen und nichts tun.

„Was hast du alles für mich eingepackt?" fragt er die Mutter neugierig.

„Komm", erwidert sie, „wir packen zusammen aus." Sie holen Bücher, Malzeug, Legosteine heraus. Dann hängt Mutter einen kleinen Notizblock an den Nachttisch. „Da kannst du alles aufschreiben, was du mir sagen willst." Sie greift in ihre Tasche, holt den Teddy heraus und setzt ihn aufs Bett. Fabian wird ganz rot im Gesicht. Die Mutter streichelt ihn. „Schau mal, was die anderen alles mitgebracht haben."

Und richtig: Bären, Löwen, Hunde und Puppen bevölkern die Betten. Fabian ist beruhigt. Da entdeckt er etwas Lustiges: Über dem Mädchen, das auf dem Rücken liegt, ist eine Leine gespannt. Daran hängen schöne, bunte Bilder und Mobiles, ein Luftballon und angemalte Wäscheklammern.

Eine Krankenschwester kommt ins Zimmer und begrüßt Fabian.

„Ich heiße Schwester Gaby", sagt sie freundlich und stellt ihm auch die anderen Kinder vor. Dann bittet sie Fabian, sich auszuziehen. Bald ist es Abend.

Von all den aufregenden Eindrücken ist Fabian auch müde geworden. Bald schläft er ein.

Mutter geht leise zur Türe. Da hängt ein Schild. Sie liest:

Liebe Besucher,
wir freuen uns, wenn Sie mit Ihren Kindern viel spielen und basteln. Dann vergeht die Zeit schneller.
Bitte beachten Sie dabei folgendes:

1. Bei allen Mal- und Knetarbeiten sollte das Bett mit einer Folie abgedeckt werden.

2. Für solche Arbeiten benutzen Sie am besten ein Tablett oder den Krankenklapptisch am Nachtschränkchen.

3. Wenn Ihr Kind auf dem Bauch liegen muß, decken Sie das Kopfende am besten mit einem Brett ab, damit Ihr Kind auf einer festen Unterlage spielen kann.

4. Wenn Ihr Kind auf dem Rücken liegen muß, können Sie den Krankentisch hochklappen und Malblätter mit einem Kreppstreifen festkleben; er läßt sich später wieder gut entfernen.

5. Wenn Ihr Kind schlecht greifen kann, umwickeln Sie die Stifte mit Stoff oder besorgen Sie sogenannte „Malbirnen".

6. Bedenken Sie bitte: Kranke Kinder ermüden oft sehr schnell. Das Basteln soll nur Freude bereiten.

Die Schwestern der Kinderstation.

Als die Mutter geht, lugt sie eben in das Lese-, Spiel- und Bastelzimmer.

Es liegt jetzt im Halbdunkel. Da gibt es Mobiles unter der Decke, eine kleine Kuschelleseecke und Spieltische mit Spielen. Ein Kasper ist aus dem Regal gefallen. Er hat die Hände vor das Gesicht gelegt und träumt von den Kindern und den Spielen am nächsten Morgen.

Zinnober und der Zauberkoffer

In dem Haus, in dem Annabel und Fabian wohnen, lebt auch ein alter Mann, Herr Zinnober. Er ist ein eigenartiger Mann: Sonntags, wenn er ausgeht, trägt er eine gestreifte Hose, eine Seidenweste und eine zinnoberrote Jacke. Er ist ein wenig klein geraten, aber dafür hat er den Kopf voller Ideen. Er kann wunderbare Geschichten erzählen und spielen und zaubern, bis sie fliegen – bis auf den Grund der Dinge, dorthin wo sie lebendig sind. Und weil es immer gut ist, wenn man schöne Sachen hört oder macht und man dann viel schneller gesund wird, verspricht Herr Zinnober zu kommen, wann immer er gebraucht wird. Und wirklich: Noch während Fabian zum Krankenhaus fährt, fängt er an, Annabel eine Geschichte zu erzählen.

Und schon am nächsten Tag setzt sich Zinnober zu den Kindern im Krankenhaus ans Krankenbett, so als habe er dort schon immer gesessen. Fabian, der noch brav im Bett bleiben muß, stellt ihn den anderen Kindern vor.

„Erzähl uns eine Geschichte", bittet er.

„Eine Geschichte – ach, wenn mir nur etwas einfiele."

Herr Zinnober schaut verstohlen am Stuhlbein hinunter. Da steht ein kleiner Strohkoffer. „Ich hab's, ich hab's", er tippt sich an die Stirn.

„Wenigstens den Anfang habe ich: Die Geschichte vom Zauberkoffer."

„Oh, toll!" rufen die Kinder.

„In einem kleinen Laden stand ein Strohkoffer – Tag für Tag, Woche für Woche, Monat für Monat. Und er wurde nicht verkauft."

„Warum denn nicht?" fragen die Kinder.

„Ja – er war ein besonderer Strohkoffer. Er war wunderbar geflochten und mit herrlichen bunten Stoffen ausgeschlagen. Seine Ränder waren mit Perlen besetzt..."

„Oh, toll!" ruft ein Kind. „So einen Strohkoffer möchte ich auch wohl haben."

„Aber eigentlich war der Strohkoffer sehr, sehr traurig, denn er hatte einem alten Korbflechter gehört. Der hatte ihn an vielen Abenden aus Stroh- und Rohrresten geflochten – und dazu Geschichten erzählt. Dabei hat er all die Geschichten, Erinnerungen und Lieder mit eingeflochten..."

„Oh", rufen die Kinder, „kannst du die Geschichten alle erzählen?"

„Langsam, langsam", sagt Herr Zinnober, „im Augenblick steht der Koffer ja noch im Laden. Aber später wird er uns sicher viele Geschichten verraten. Das war nämlich so: Die anderen Koffer, die neben ihm standen, lachten schon über den Strohkoffer. 'Du wirst wohl gar nicht verkauft', sagten sie spöttisch. 'Sieh dir unser glänzendes Leder an und die Messingschlösser - schön, glatt und poliert. Aber du...', und sie rümpften spöttisch die Nasen. Und sie hatten recht, denn sie selber wurden sehr schnell verkauft; nur der Strohkoffer blieb stehen. Dabei hatte er es vorher so gut gehabt beim alten Korbflechter. Jeden Abend waren die Enkelkinder zu ihm gekommen und hatten gerufen: 'Erzähl uns eine Geschichte oder spiel mit uns ein Spiel', und dann hatte der Alte den Koffer geöffnet und ein Spiel, eine Geschichte oder eine Überraschung aus ihm herausgenommen; aber eines Tages war der Alte nicht mehr da; ganz plötzlich, wie das so ist. Und alles, was er besessen hatte, war verteilt und verkauft worden. Die Kinder hätten den Koffer so gerne gehabt, aber niemand hatte sie gefragt, und so war der Strohkoffer mit allen anderen Korbwaren im Laden gelandet. Und weil er anders war, und keiner sein Geheimnis kannte, wurde er lange, lange nicht verkauft. So lange, bis eines Tages – da kam ein alter Mann..."

„Herr Zinnober!" rufen die Kinder.

„Woher wißt ihr das?" fragt Zinnober.

„Ja, da steht er doch, der Zauberkoffer!"

Zinnober lächelt. „Ja", sagt er, „und daher erzähle ich euch auch gerne Geschichten. Also hört."

„Es war einmal", ruft Fabian. „Ja, es war einmal. – Es war einmal ein schöner Strohkoffer, der war vollgestopft mit Spielen, Buchstaben und Wörtern, mit Gegenständen, Geräuschen und Gerüchen, und er spielte gerne mit Kindern; am liebsten spielte er mit kranken Kindern, denn die freuten sich am meisten."

In dem Moment springt der Zauberkoffer von Zinnober auf, und die seltsamsten Dinge purzeln durch das Zimmer. Die Kinder fangen an zu spielen. Und sie spielen und spielen bis zum Abend.

Fingerspiele

Zinnober und die Kinder
haben mit Wachsmalstiften
ihre Finger bemalt.
Jetzt spielen sie zusammen
Theater.

Wer weiß
die schönsten
Schattenspiele?

Adler,
Hund und Hase,
ich zieh' dir
eine Nase!

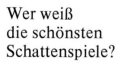

Mit Wollfäden oder
Taschentüchern
bekommen
die lustigen Figuren
sogar Haare!

Die Fingerfiguren
spielen und erzählen
auch noch abends im Bett,
bis den Kindern
die Augen zufallen.

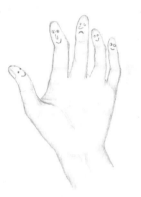

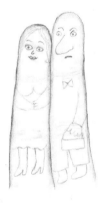 

„Gute Nacht!"
sagen dann die Puppen,
„wir sind jetzt
auch müde."

Bettbasteleien

Zinnober
bastelt mit den Kindern.

Aus Papprollen machen sie
Fantasiefiguren, aus Knetgummi

Tiere und Männchen, mit Obst-
tüten spielen sie Tintenkasper

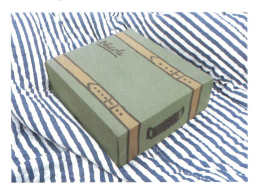

und in einem großen Karton
haben sie eine Ferienlandschaft
nachgebaut.

Annabel hat für Fabian eine „Klingel" gebastelt. Sie hat einen langen, festen Bindfaden durch die Topflöcher gezogen und vor jedes Topfloch einen großen Knoten geknüpft.

Mit dem Pappfernrohr spielen sie Sehspiele und in Schuhkartons bauen sie die Märchen nach, die Zinnober ihnen erzählt hat.

Fabian denkt sich eine Geschichte zu diesen Bildern aus.

Annabel, Fabian und Zinnober erzählen sich abwechselnd immer einen Satz zu einer Geschichte. Das gibt lustige Überraschungen.

Geschichten erzählen macht Spaß

Sie erzählen sich Geschichten in Reimen. Reimwörter haben sie vorher gesammelt.

Reimwörter:

Herz – Schmerz
lieb – Dieb
Haus – Maus
Bett – Fett
Hose – Dose

Sie erzählen sich Geschichte zu Fotos.

„In einer einsamen Waldhütte wohnte ein Hund ..."

Annabel erzählt eine Geschichte zu diesen Bildern.

denken sich witzige
... aus:

... fliegende Krankenhaus"

... nn Giraffen sich erkälten"

Sie raten Märchen oder
Lieder:

Einer fängt an zu erzählen oder
zu singen. Wer die Geschichte
oder das Lied als erster errät,
darf neu anfangen.

Sie erzählen Märchen
falsch:

„Rotkäppchen war am
Hexenhäuschen angekommen ..."

„Frau Holle ging mit den
sieben Zwergen in den Wald ..."

... der Elefant Nasentropfen
bekam"

... Hase, der ein Gipsbein
hatte"

... nn ich alles bekäme, was
ich mir wünsche ..."

„Ein Schwan war eine
verwunschene Prinzessin ..."

17

START

Manchmal spielt Herr Zinnober mit den Kindern das

Märchenwürfelspiel.

Wer auf ein Bildfeld kommt, spielt die abgebildete Person oder erzählt das Märch[en] nach. Natürlich kann man auch andere Spi[el]regeln erfinden. Aber am Ziel liegt immer [ein] Stück Schokolade für den, der als erster am Schloß ankommt.

rücke vor bis auf Feld 40

noch einmal würfeln

18

72 73 74 75 76 77 78 79 80 81 82

ZIEL

83 84 85 86 87 88 89 90 91 92 93 94 95 96

70 69 68 67

rücke 10 Felder vor

128 127 126 125 124 123 122

98 99 100 101

eine Runde aussetzen

108 109 110 111 112

106 105 104 103

120 119 118 117 116 115 114

19

Hörspiele

Zinnober hat für Fabian und die anderen Kinder auf Kassetten Geräusche aufgenommen.

Jetzt wird geraten und nachgemacht.

Dazu braucht ihr einen Kassettenrekorder

Es ist gut, sich für diese Spiele auch Batterien zu besorgen, denn manchmal ist keine Steckdose in der Nähe.

Eßgeräusche

Tisch decken
Schlürfen
Trinken
Suppe löffeln
Apfel essen ...

Familiengeräusche

Lachen
Schimpfen
Spielen
Schellen
Begrüßen
Telefonieren

Geräusche
im
Haus.

Stühle rücken, Türen knallen ...

Holt Gläser
und füllt sie mit Wasser.
Je mehr Wasser in einem
Glas ist, desto tiefer wird
der Ton, wenn man dranschlägt.

Wer kann ein Lied spielen?

Kammblasen

Umwickelt einen Kamm mit Seidenpapier, haltet ihn an den Mund und summt eine Melodie.

Wer kann es ganz leise?
Bei wem tönt es wie ein Saxofon?

Windharfe

Cellophanpapier über e
Glas spannen und blase

Oder einen Flaschenha
direkt an den Mund hal
und blasen.

und eine Leerkassette
zum Aufnehmen.

Das Mikrofon ist bei
einigen Rekordern fest
eingebaut. Bei anderen
muß es angeschlossen
werden.

Das Mikrofon muß immer
50 cm von den Spielern
entfernt sein,
dann gibt es
die besten Aufnahmen.

räusche im Krankenzimmer

Besuch
die Krankenschwester
der Arzt
die Bibliothekarin

Tiergeräusche

Hundebellen
Miauen
Vogelgezwitscher
Grunzen
Brummen ...
zusammen gibt es ein
Tierkonzert.

Interviews:

Fragt nach Namen
Alter
Lieblingsfarben
der Lieblingsbeschäftigung
einem Lied
einer Geschichte ...

Ihr könnt Rhythmen
schlagen und raten!

Bei lauten Geräuschen
muß das Mikrofon
etwa 1 m entfernt sein.

Selbsterfundene
Geschichten und Lieder
auf Kassetten aufnehmen.
Das gibt eine
schöne Überraschung
für Freunde und Besucher.

Geräusche draußen

lätterrauschen, Wind ...

Straßengeräusche

Auto
Motorrad
Fahrrad
Feuerwehrauto
Bremsen
Straßenbahn
Hupen ...

Stadtgeräusche

Verkehr
Einkaufszentrum
Hauptbahnhof ...

Dazu macht es besonderen
Spaß, mit Autos oder
Eisenbahnen zu spielen.

21

Die Mondgeschichte

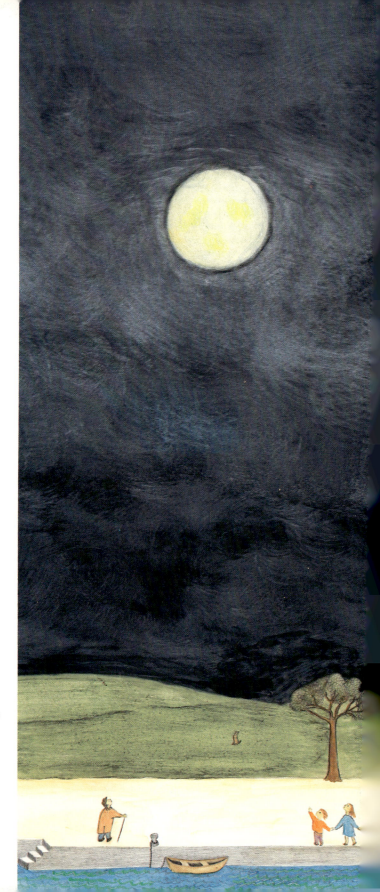

Immer, wenn den Kindern die Augen schon fast zufallen, schließt sich der Zauberkoffer langsam.
„Eine Geschichte noch zum Abschied", betteln dann die Kinder.
„Gut", Herr Zinnober sieht hinaus. Da steht der Mond am Himmel. Ein großer, runder Mond. Langsam kommen die Worte: „Jeden Abend ging der Mond über der großen Stadt auf und sah hinab auf die vielen Lichter, den Verkehr und die grellen Reklamesprüche. 'Nach mir sieht keiner mehr, die Menschen haben mich vergessen', dachte der Mond und wurde ganz traurig. Und vor Traurigkeit aß er nicht mehr und wurde dünn und immer dünner. Erst wurde er eine Sichel und irgendwann war er gar nicht mehr zu sehen. Doch dann merkte er, daß die Menschen ihn suchten, nach ihm ausschauten und, wenn er sich ein bißchen zeigte, sogar vor Freude in die Hände klatschten. Darüber war er so froh und glücklich, daß er sich rund und dick aß. Da waren die Menschen zufrieden und keiner kümmerte sich mehr um ihn...
Da wurde der Mond wieder traurig und nahm ab.
Und so ging es immer weiter. Mal war er traurig, mal war er froh..."
Die Kinder sind eingeschlafen...
„Tschüß", sagt Herr Zinnober, und wie er hinausgeht, huscht sein Schatten über die Gesichter der Kinder und es sieht aus, als lächelten sie und sagten auch „tschüß".

Das Märchen von der Glaskugel

Am nächsten Morgen hat Herr Zinnober nur ein kleines Paket bei sich. – Vorsichtig, als sei es zerbrechlich, setzt er es auf dem Tisch ab. Einigen Kindern geht es schon etwas besser. Sie wollen sofort aufspringen und auf das Paket zustürzen. „Langsam, langsam", sagt Zinnober. Fabian darf das Paket auspacken; langsam wickelt er das glitzernde Geschenkpapier auf, langsam öffnet er den Karton, dann reißt er das Seidenpapier auf, immer wieder eine Schicht, bis er schließlich an einem langen Samtband eine Glaskugel herauszieht, die an seiner Hand schaukelt. „Es war einmal..."

„Ja, es war einmal", sagt Zinnober. „Es war einmal ein großes, großes Königreich, das war bekannt wegen der Fröhlichkeit seiner Leute. Es war bekannt wegen der vielen Geschichten, der Musik, der Lieder und der Farben und wegen seiner Zufriedenheit. Aber plötzlich erkrankte der König."

„Was hatte er?"

„Niemand kannte die Krankheit. Keiner wußte, welche Krankheit ihn befallen hatte: Der König war traurig. Er konnte sich über nichts mehr freuen; er konnte nicht mehr singen und nicht mehr in die Hände klatschen. Wenn er etwas Schönes herangetragen bekam, über das er früher gelacht hätte, winkte er heute ab; wenn der Hofnarr kam, über dessen Scherze er sich früher gefreut hatte, schossen ihm fast die Tränen in die Augen, Tränen der Trauer. Er langweilte sich, gähnte immer mehr, und sein Gesicht wurde grau und grauer, und schlafen konnte der arme König auch nicht; denn ging er ins Bett, um zu träumen, so dachte er daran, wie traurig doch die Welt sei. Ging er aber übertags spazieren, dachte er daran, wie schön doch Träume sein könnten, und ärgerte sich, daß er spazieren ging.

Ja, der König wollte immer das, was er nicht hatte, und wenn er es dann hatte, wollte er es nicht mehr. Er war kein richtiger König mehr. Auch seine Untertanen wurden immer trauriger; ja, es war so schlimm, daß auch sie von dieser Krankheit angesteckt wurden – und so verfiel das Land langsam in einen Halbschlaf: Es war dunkel, traurig und still; kein Stern, kein Mond; und auch die Sonne versteckte sich meistens hinter den Wolken.

Die Weisen des Landes berieten. Doch sie schliefen bei ihren Versammlungen ein, und keiner wußte Rat. Schließlich schickten sie Herolde über Land, die ausrufen sollten, wer als erster den König froh mache, der sollte seine Tochter zur Frau haben. Ein Glasbläser, ein Meister seines Faches, zog gerade auf seinen Wanderungen durch das Land und hörte den Ruf des Herolds. Er dachte nach, aber er hatte keine Idee, wie er helfen könne. So wanderte er weiter und weiter. Bis er auf einmal vor einem hohen Berg stand. Es führte kein Weg an ihm vorbei, so sehr er auch suchte und fragte. Er mußte wohl oder übel über den Berg steigen. Er begann zu klettern und zu klettern. Und er war oft sehr müde und schlief ein. Er wollte aufgeben, denn jeden Tag erlebte er nun das gleiche: steinige Wege, Geröll, Dornen, Wind und Sturm. Und alles war kahl; und auch Hunger und Durst fingen immer mehr an, ihn zu quälen. Des Abends, wenn er sich schlafen legte und zu müde war, um Mut zu haben, sagte er sich: ‚Morgen kehrst du einfach um', und am nächsten Morgen sah er wieder die Sonne und den Berggipfel und ging weiter. Die Luft wurde immer dünner, der Berg immer kahler. Und schließlich kam er oben an.

Der Anblick überwältigte ihn, und er hielt sich die Hand vor die Augen, um nicht geblendet zu werden von dem Sonnenlicht und der Schönheit der Landschaft. Das Land lag zu seinen Füßen, grün, saftig und ruhig.

Die Flüsse glänzten, und die Städte und Dörfer lagen still wie in einem langen Traum. Die Luft war klar und rein, und der Wind blies ihm ins Gesicht. Plötzlich stieß er mit dem Fuß an etwas Hartes. Er bückte sich und sah nach, aber er meinte, nichts als einen Stein zu sehen. Noch einmal stieß er daran. Da hörte er auf einmal die Worte:

‚Nimm mich mit zum König, nimm mich mit zum König, denn ich bin rund wie die Erde, blank wie ein Spiegel, klar wie die Luft und leicht wie der Wind. Wer sich in mir spiegelt, der lacht vor Freude und sieht wieder, daß die Erde strahlt und alles lebt und atmet.‘

Der Glasbläser legte sich auf den Boden und entdeckte etwas Glänzendes. Er konnte noch nicht erkennen, was es war und so grub er es ganz langsam und mühselig aus. Und was war es? Eine große Glaskugel, rund wie die Erde, blank wie ein Spiegel, klar wie die Luft und leicht wie der Wind. Und die Kugel flüsterte wieder:

‚Nimm mich mit zum König...‘

So umwickelte er sie mit seinem Mantel und steckte sie ganz vorsichtig in seinen Rucksack, denn jetzt wußte er, daß diese Kugel den König heilen würde. Langsam stieg er den Berg hinab. Vorsichtig mußte er gehen, denn die Kugel durfte nicht zerbrechen. Morgens war sie ihm sehr leicht, doch am Abend wurde sie immer schwerer, und er meinte oft, er müsse unter ihrer Last zusammenbrechen. Und wenn ihm beim Aufstieg der steile Weg den Atem geraubt hatte, so war es jetzt die Hoffnung, die ihn zur Eile trieb, daß er meinte, er müsse fliegen.

Von weitem sah er schon das Königsschloß. Schwarze Fahnen waren aufgesteckt, schwarze Fahnen der Trauer, denn der König war traurig, die Einwohner waren traurig, und das Land war traurig. Auch der Glasbläser wollte sich manchmal anstecken lassen, doch immer flüsterte die Kugel:

‚Nimm mich mit zum König, denn ich bin rund wie die Erde, blank wie ein Spiegel und klar wie die Luft...‘

Und er ging weiter.

Als er am Tor des Königshofes ankam, kam ein Wächter auf ihn zu und fragte, was er denn wolle: ‚Ich habe etwas für den König, das schönste Glas der Welt und doch das einfachste. Ich hoffe, daß er Freude daran haben wird.‘

Langsam drang er in den Palast vor. Zimmer um Zimmer, bis er schließlich in einen großen Saal kam. Der war prächtig geschmückt mit Bildern und Spiegeln, und am Ende des Saales saß auf einem prächtigen Thron der König. Sein Gesicht war sehr gespannt auf das, was der Glasbläser ihm zu bringen hätte. Er beugte sich hinunter zu ihm.

Der Glasbläser wurde ganz unsicher, denn in all dieser Pracht und Größe schämte er sich seiner kleinen Kugel. Sollte er einfach fortlaufen?

Nein, das ging nicht mehr. Sollte er sich entschuldigen? Nein, das ging auch nicht. ‚Wenn einer in all dieser Pracht nichts Schönes mehr entdeckte, so kann er auch meine einfache Kugel nicht schön finden‘, dachte er immer wieder. *‚Nimm mich mit zum König‘,* sagte da die Kugel noch einmal.

‚Nimm mich mit, denn ich bin rund wie die Erde, blank wie ein Spiegel, klar wie die Luft, leicht wie der Wind. Und ich tanze, und die Welt spiegelt sich, wird klein und rund, wird klein wie ein Kind.‘

Als der König die Kugel sah, wurde er dunkel vor Zorn und rief: ‚Ist das alles?‘

Da tanzte gerade der Hofnarr vorbei und unter der Kugel her und sah über sich sein Spiegelbild, klein und kugelrund, und er lachte, und wenn er lachte, lachte auch die Kugel.

Der König sah ihm verwirrt zu und sah auch zögernd hinauf zu der Kugel, doch da war ihm die Krone im Weg und drohte ihm herunterzurutschen.

Er nahm sie ab und stellte sie unter die Kugel, so daß sie sich wunderbar spiegelte, und er klatschte in die Hände und lachte vor Freude. ‚Das ist das schönste Glas der Welt, denn es ist rund wie die Erde, blank wie ein Spiegel, klar wie die Luft, leicht wie der Wind und glänzend wie die Krone‘. Und alle spiegelten und kugelten sich zusammen:

Der König, der Glasbläser und der Hofnarr, und alle lachten und waren wieder froh.“

Schattentheater

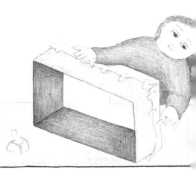

Für Kinder, die noch sehr klein oder sehr krank sind, kann man die Bühne für das Schattentheater auch basteln und sie ihnen mitbringen...

Für die Bühne wird die Rückwand eines Kartons ausgeschnitten...

...und mit weißem Seidenpapier beklebt.

Die Kinder schneiden zusammen aus schwarzer Pappe viele Figuren aus.

Das gewünschte Bühnenbild wird angeklebt...

...die beweglichen Spielfiguren werden an Blumendrähten befestig

Das Schattentheater kommt auf einen Tisch und eine Lampe direkt dahinter. Jetzt kann gespielt werden: „Ein König ging im Garten spazieren...“

Oder: „Ein Prinz und viele Tiere des Waldes gingen,
um einen Drachen zu besiegen..."

Oder: „Im verwunschenen Garten der Prinzessin Tausendschön
konnte man herrlich spielen..."

Verwandlungsspiele

Kinder, die aufstehen dürfen,
verkleiden sich mit allem,
was sie gerade finden
oder mit all den wunderbaren Sachen,
die aus dem Zauberkoffer fliegen.

Erkennt ihr jemanden?

Sehspiele

Ich sehe etwas, was du nicht siehst, und das ist ... rot. Ein Spieler nennt die Farbe des Gegenstandes, den er sich im Zimmer ausgesucht hat.

Wer ihn zuerst nennt, darf die nächste Aufgabe stellen.

Ihr könnt das Spiel auch verändern:

Ich sehe etwas, was du nich siehst, und das gehört ... Pete

Ich sehe etwas, was du nich siehst und das ist ... rund.

Die Spieler sitzen in einer Runde und sehen einander genau an. Dann geht einer hinaus und zwei vertauschen Sachen (einen Schuh, eine Kette, eine Jacke).

Wer findet am schnellsten heraus, was vertauscht wurde?

Wie sieht die Welt durch farbiges Seidenpapier aus?

... rosa
schwarz
gelb
blau ...

Heiß, kalt

Versteckt etwas.
Einer muß suchen.
Wenn er in die Nähe des Versteckes komm
ruft ihr „heiß".
Wenn er sich davon entf
ruft ihr „kalt".

Die Welt aus der Vogelperspektive

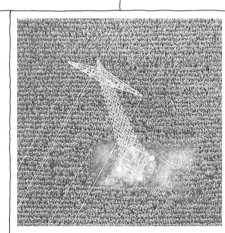

Die Welt aus der Froschperspektive

Legt verschiedene Gegenstände
auf ein Tablett.
Einer darf sich die Sachen eine
halbe Minute lang ansehen.
Dann werden sie zugedeckt.

Wer erinnert sich an die
meisten Gegenstände?

Wieder liegen Gegenstände auf
einem Tablett. Alle versuchen,
sie sich zu merken. Dann wird
zugedeckt und der Spielleiter darf
einen Gegenstand wegnehmen.

Wer als erster weiß was fehlt,
darf Spielleiter sein.

Wieder liegen Gegenstände
auf dem Tablett. Wieder
werden sie angesehen und
dann zugedeckt. Beim
Aufdecken liegen einige
mehr auf dem Tablett.

Welche?

---

1. Detektivspiel

Etwas ist gestohlen worden. Der Täter hat
dabei einen Gegenstand
(Schal, Pullover, Taschentuch) verloren.

Wer war es?

---

2. Detektivspiel

Etwas ist gestohlen worden. Diesmal hat der
Täter eine sichtbare Spur hinterlassen,
z. B. Wassertropfen, Farbe, Fingerabdrücke.

Zu wem führt sie?

Schneidet aus Katalogen oder
Zeitschriften Teile von Bildern
aus und klebt sie
auf ein Blatt Papier.

Die anderen dürfen raten,
was es ist.

Mit Bildern aus Katalogen oder
Zeitschriften könnt ihr lustige
Puzzles machen.
Klebt das Bild
auf einen dünnen Karton,
bevor ihr ausschneidet.

Aus Katalogen oder Zeitschriften
könnt ihr auch Bilder- oder
Witzebücher machen.

Klebt die passenden Bilder
auf Papier und heftet sie in ein
Ringbuch.

Wem gehört das Auge?

Kind wird hinausgeschickt, ein anderes
deckt ihr mit Tüchern oder Zeitungen
zu, daß nur noch ein Auge sichtbar ist.
Das hereingerufene Kind muß erraten,
wem das Auge gehört.

Geheimnisse erraten

Ein Kind geht vor die Tür. Die anderen Mitspieler
einigen sich auf eine bestimmte Bewegung:
Sie kreuzen die Beine oder stützen den Kopf auf
oder falten die Hände. Dann wird das Kind
hereingerufen und muß die gemeinsame Bewegung,
das Geheimnis, erraten.

Das Tapetenrollenspiel

Die Kinder rollen Tapeten aus,
legen sich darauf und malen sich
gegenseitig die Umrisse ihrer
Körper ab.
Dann werden die Figuren
bunt bemalt.

Wenn sie nach Hause kommen,
hängen sie die Tapetenbilder an ihre
Zimmertür.

35

Riechspiele

37

Mit Schachteln basteln

Einigen Kindern geht es schon wieder ganz gut. Sie basteln aus Schuh- und anderen Kartons ein Kranken- oder Puppenhaus.

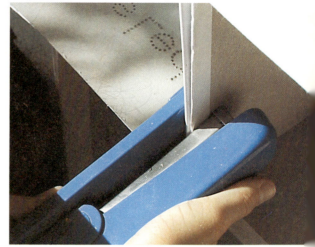

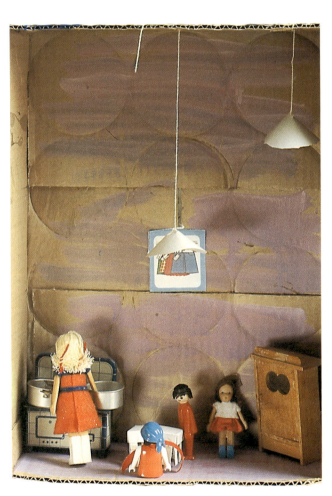

Dann spielen sie alles, was sie erlebt
oder sich ausgedacht haben.

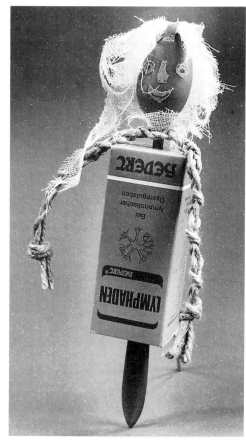

Ein Eierlöffel, ein kleiner Karton, Bindfaden, Mullbinde und Pflaster schon strahlt uns diese Puppe an.

Die Puppe aus Papiertaschentüchern, Alufolie, Geschenkband und Geschenkpapier kann tanzen und träumen. Schmusepuppen – der Fantasie sind keine Grenzen gesetzt. Für die beiden hier hat Mutter die Körper genäht und ausgestopft.

Schmusepuppen

Ob den Puppen dieser Schuhkarton
als Bett gefällt?

Aus Wolle geflochten, den Kopf mit
Watte gefüllt – dieser „Tänzer" ist
besonders weich.

Die Wollhaare stehen ihr zu Berge,
wenn sie daran denkt, daß sie aus
einem alten Unterhemd gemacht ist –
sie klatscht in Holzkugelhände.

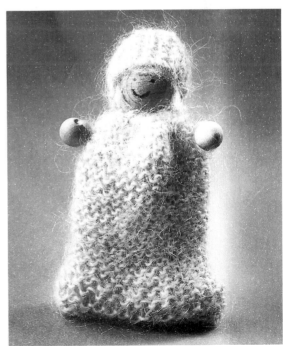

Flieg, Vogel, flieg

Einen Abend will Herr Zinnober sich wieder verabschieden.

„Eine Geschichte", ruft Fabian, „noch eine Geschichte".
Zinnober überlegt:
„Als das Wünschen noch geholfen hat..."
„Was", ruft Fabian, „das versteh ich nicht, was heißt das?"
„Ich will versuchen, es dir durch meine Geschichte zu erklären."
Die Kinder warten gespannt.

„Flieg, Vogel, flieg!

Als das Wünschen noch geholfen hat, spielte ein kleines Mädchen unten im Hof und fand in einer Ecke einen winzigen Vogel, der wohl aus dem Nest gefallen war. Das Mädchen sah sich um, ob es das Nest sähe, denn es wußte: Wenn man den Vogel nicht mit den Händen berührt und ihn vorsichtig zurücklegt, wird er von seiner Mutter weiter großgezogen. Aber es sah nichts. Da nahm es den Vogel vorsichtig in ein Tuch und trug ihn nach Hause, machte ihm aus Gras und Moos ein wunderschönes Bett, suchte ihm Würmer und Insekten und steckte sie ihm vorsichtig in den Schnabel; das hatte die Mutter ihm gezeigt. Und was meint ihr?
Der Vogel wurde groß und größer; er bekam wunderbare Federn, und er versuchte zu fliegen. Das war genau das, was das Mädchen sich so gewünscht hatte. Und eines Tages war der Vogel so groß und kräftig, daß er davonfliegen konnte, in einen wunderschönen blauen Himmel. Ein bißchen geweint hat das Mädchen schon, aber eigentlich hat es sich gefreut, denn es wußte: Da ist ein Vogel am Himmel, für den habe ich gesorgt, und jetzt fliegt er und singt dort oben am Himmel..."

Die Kinder sind
eingeschlafen.
Sie träumen vom
Gesundsein und vom
Fliegen, vom Helfen und
vom Wünschen.
Das können Kinder ganz
besonders gut.

Fabian wird entlassen,
andere Kinder auch.
Sie sind wieder gesund.
Einige bleiben im
Krankenhaus. Manche
bleiben lange da.
Zinnober wird weiter zu
ihnen kommen und mit
ihnen spielen.

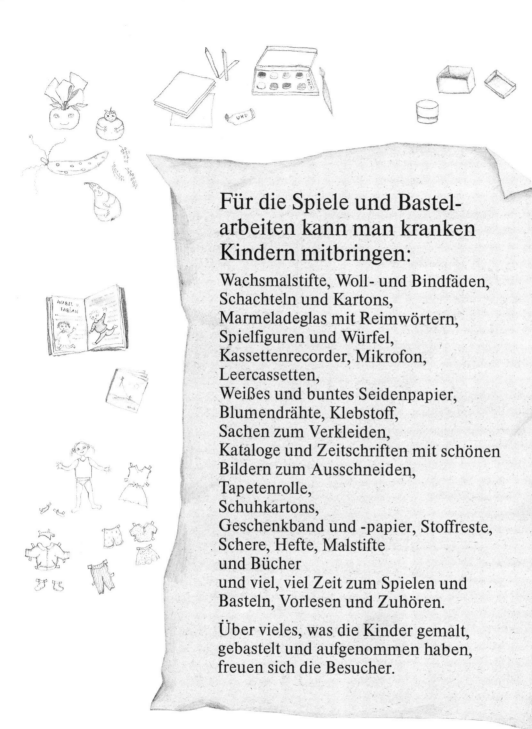

Für die Spiele und Bastelarbeiten kann man kranken
Kindern mitbringen:

Wachsmalstifte, Woll- und Bindfäden,
Schachteln und Kartons,
Marmeladeglas mit Reimwörtern,
Spielfiguren und Würfel,
Kassettenrecorder, Mikrofon,
Leercassetten,
Weißes und buntes Seidenpapier,
Blumendrähte, Klebstoff,
Sachen zum Verkleiden,
Kataloge und Zeitschriften mit schönen
Bildern zum Ausschneiden,
Tapetenrolle,
Schuhkartons,
Geschenkband und -papier, Stoffreste,
Schere, Hefte, Malstifte
und Bücher
und viel, viel Zeit zum Spielen und
Basteln, Vorlesen und Zuhören.

Über vieles, was die Kinder gemalt,
gebastelt und aufgenommen haben,
freuen sich die Besucher.

Inhalt

Annabel und Fabian sind krank 6

Fabian geht ins Krankenhaus 8

Zinnober und der Zauberkoffer 10

Fingerspiele 12

Bettbasteleien 14

Geschichten erzählen macht Spaß 16

Märchenwürfelspiel 18

Hörspiele 20

Die Mondgeschichte 22

Das Märchen von der Glaskugel 24

Schattentheater 28

Verwandlungsspiele 30

Sehspiele 32

Das Tapetenrollenspiel 34

Riechspiele 36

Mit Schachteln basteln 38

Schmusepuppen 40

Flieg, Vogel, flieg! 42

Zum Mitbringen für die Spiele
und Bastelarbeiten in diesem Buch... 44

Auflösung der Bilderrätsel von Seite 8

1 Tabletten, 2 Fieberthermometer, 3 Medizinflasche, 4 Stethoskop